Ib 55 1145

L'UNION FRATERNELLE.

PROJET

D'ASSOCIATION

QUI AURAIT POUR EFFET

LE BIEN-ÊTRE DES TRAVAILLEURS,

et

LA RÉDUCTION DES SOMMES A EMPLOYER

à

L'ASSISTANCE PUBLIQUE.

BESANÇON,

IMPRIMERIE DE VEUVE CH. DEIS, ÉDITEUR.

1849.

L'UNION FRATERNELLE.

SOCIÉTÉ

DE PRÉVOYANCE MUTUELLE

POUR LA CRÉATION

DE PENSIONS VIAGÈRES.

EXPOSÉ.

L'amélioration du sort des travailleurs est un besoin généralelement senti et dont chacun se préoccupe; mais ce problème
est si difficile à résoudre, que malgré toute la sollicitude dont
il est l'objet, on ne pourra que lentement atteindre le but si
ardemment désiré. Déjà des institutions philanthropiques ont
été créées, et quoiqu'en très-petit nombre relativement aux
besoins, l'expérience a fait apprécier tous les avantages que l'on
pourrait obtenir de leur propagation. La création de crèches,
de salles d'asile et d'écoles gratuites dans toutes les communes,
produirait un adoucissement très-positif dans la situation de
l'ouvrier qui, alors, moins préoccupé des soins moraux et matériels de ses enfants, pourrait se prémunir plus sérieusement
contre les chances de l'avenir. L'institution toute bienfaisante
des caisses d'épargne, permettant au travailleur de profiter des
instants favorables pour se créer, par de faibles versements, un

1849

petit capital toujours disponible pour ses besoins, promet aussi
de grands résultats, et les sociétés de secours mutuels pour maladies, quoique encore dans leur enfance, sont suffisamment
appréciées pour faire comprendre tout le bien qu'elles procu-
reraient si elles étaient généralement répandues. Mais si tous
ces moyens d'amélioration sont reconnus bons et qu'un plus
grand nombre de ces établissements soit d'une nécessité urgente,
il reste constaté que ces institutions sont insuffisantes et qu'il
reste beaucoup à faire en dehors de leur application ; car tous
les établissements destinés à l'enfance ne soulagent généralement
l'ouvrier que lorsqu'il est dans l'âge de la force et de l'énergie,
et les bienfaits des sociétés de secours mutuels ne s'étendent
guère au-delà des besoins nécessités par des maladies passa-
gères. Quant aux économies versées à la caisse d'épargne par
le journalier, quelle que soit sa conduite et surtout pour peu
qu'il soit chargé de famille, ses versements ne pourront jamais
s'élever à une somme suffisante pour le mettre à l'abri de toutes
éventualités pendant sa vieillesse. Il faut donc de toute nécessité
des institutions qui permettent et donnent la facilité à l'homme
pauvre de se créer, pendant la vie active, une modique existence, mais libre et dégagée de toute dépendance.

Ces institutions établies sur les mêmes principes que les sociétés de secours mutuels pour maladies, dont elles formeraient
le complément, produiraient un effet immense, tant sous le
rapport moral que sous le rapport matériel ; car le travailleur
étant assuré d'avoir une pension viagère, suffisante pour vivre
paisiblement pendant sa vieillesse, sans crainte de la misère,
ni d'être à la charge de sa famille ou d'avoir recours à la charité
publique, si après un lourd labeur il se trouvait réduit, par le
poids des années ou des infirmités, à ne plus pouvoir demander
au travail les choses indispensables à la vie, se trouverait dégagé
de toutes ces inquiétudes qui, en démoralisant, produisent le
découragement et par suite le désordre dans la conduite.

C'est pour atteindre ce double but, soustraire le vieillard et l'homme privé de ses facultés, à la misère et à l'abaissement auxquels il est assujéti, et compléter la série des institutions dont la propagation est indispensable pour obtenir une amélioration large et constante du sort des travailleurs , que l'*Union fraternelle,* société de prévoyance mutuelle, pour la création de pensions viagères , a été instituée.

Les détails nécessaires pour faire ressortir tous les avantages particuliers et généraux que produirait un large développement de cette institution, seraient trop longs pour les énumérer ici ; la lecture des statuts suffira et en fera mieux apprécier les résultats à obtenir, ainsi que tout son mécanisme administratif. Cependant, pour faciliter cette appréciation et surtout pour l'application des chiffres des tableaux, il est bon de faire quelques citations à titre d'exemples.

PREMIER EXEMPLE.

Une action prise de 20 à 21 ans et nourrie de cotisations pendant 30 ans, aura coûté 1,083 francs et aura produit, à l'âge de 50 à 51 ans , la pension viagère de 246 francs 40 centimes , indiquée à la trentième ligne du tableau de la série B , intitulé : *Prise d'action de 20 à 21 ans.* Les cotisations ayant été payées pendant 30 ans et 6 mois, cette pension serait augmentée de la moitié de la différence existant entre le chiffre de la 30me ligne et celui de la 31me du même tableau ; soit 12 fr. 77 cent.

DEUXIÈME EXEMPLE.

L'action prise de 21 à 22 ans et nourrie de cotisations mensuelles pendant 43 ans, aura coûté 1,551 francs et donnera, à l'âge de 64 à 65 ans, la pension de 1,094 francs 68 centimes. (43me ligne du tableau de la série B , intitulé : *Prise d'action de 21 à 22 ans.*) Le paiement de ces cotisations ayant été effectué par anticipation, en un seul versement, aurait été réduit à 619 francs 85 centimes. (43e ligne du tableau de la série A , intitulé : *Paiement par anticipation de 21 à 22 ans.*)

TROISIÈME EXEMPLE.

Une action prise de 20 à 21 ans et nourrie de cotisations payées mensuellement, pendant 10 ans, aura coûté 363 francs et aura produit, à l'âge de 30 à 31 ans, une pension de 30 francs 25 centimes. (10me ligne du tableau de la série B, intitulé : *Prise d'action de* 20 *à* 21 *ans.*) A dater de cet instant, tout paiement de cotisation ayant cessé et la prise de cette pension ayant été différée pendant 30 ans, la pension acquise par ces 30 dernières années sera représentée par le chiffre proportionnel 1,042 pour cent de la pension primitive. (30me ligne du tableau de la série C, intitulé : *Cessation de paiement de* 30 *à* 31 *ans.*) Ces deux nombres 30 fr. 25 c. et 1,042, multipliés l'un par l'autre, donneront 315 francs 20 centimes, montant de la pension acquise pendant les 30 dernières années ; et en y ajoutant la pension primitive des 10 années, on aura la pension totale de 345 francs 45 centimes, due au titulaire de cette action, âgé alors de 60 à 61 ans. Les dix années de cotisation ayant été payées par anticipation, en un seul versement, n'auraient coûté que 296 francs. (10me ligne du tableau de la série A, intitulé : *Paiement par anticipation de* 20 *à* 21 *ans.*)

Ces trois exemples suffisent pour faire ressortir et comprendre tous les avantages que le travailleur pourrait retirer de sa participation à cette association , laquelle n'exigeant , pour lui garantir une pension, que la réalisation, par versements mensuels, d'un capital de trente-neuf francs , lui permet de profiter des instants favorables pour se créer, à défaut de continuité de versements, par un nombre d'actions prises alternativement, à diverses époques, les ressources nécessaires et souvent indispensables à un âge plus ou moins avancé. Quel est l'ouvrier qui , avec un peu d'ordre et d'énergie , ne pourrait pas profiter des avantages offerts par cette institution ? et quel est aussi celui qui se refuserait à faire le sacrifice de quelques cents francs pour obtenir de si grands résultats ? 39 francs versés de 20 à 21 ans donnent, à l'âge de 60 à 61 ans, 46 francs 47 centimes de pension viagère ; et si cette pension n'était prise que de 65 à 66 ans, elle serait de 85 francs 24 centimes.

Cette institution, constituée en dehors de toute spéculation particulière, avec son administration gratuite fortement organisée et, comme dans toutes les sociétés de secours mutuels pour maladies, prise dans son sein, en partie par l'élection et en partie par ordre de tour, offre des garanties positives de sécurité et d'économie dans la gestion des capitaux ; les données mathématiques fixant les chiffres des pensions, étant le résultat d'opérations établies pour chaque âge, sur le montant des versements capitalisés au taux d'intérêt de 4 p. 0/0 et combinés avec les données des tables de mortalité de Duvillard, ne peuvent laisser subsister aucun doute sur l'exactitude de la réalisation des pensions promises.

Toutes ces données sont d'autant mieux garanties, qu'il reste au profit de la caisse, pour faire face aux éventualités qui pourraient avoir lieu par suite de la déviation de la marche ordinaire de la mortalité, toutes les sommes versées par les sociétaires, se retirant avant d'avoir effectué le versement d'une année de cotisations, les amendes disciplinaires et les refus d'administration. Toutes ces productions étant restées en dehors des opérations mathématiques, formeront un excédant de capital au moins suffisant pour couvrir toutes les dépenses imprévues.

Ayant mis tous mes soins à la création des statuts de l'*Union fraternelle,* il me reste, pour compléter mon œuvre, à réunir les éléments nécessaires pour la fondation de cette institution, et à faire tous mes efforts pour qu'elle reçoive un large développement, afin qu'elle procure à l'humanité tout le bien que l'on doit en attendre. Mais la réalisation de ce but final de mes désirs, ne pourra avoir lieu que dans une proportion relative au nombre de personnes qui voudront bien m'honorer de leur confiance, par leur adhésion aux statuts de cette société ; et pour captiver cette confiance, je n'ai aucun titre pompeux à étaler. Mon seul droit à faire valoir, c'est mon expérience des sociétés de secours mutuels, acquise par plus de vingt années que j'ai consacrées, par suite du vœu électif de mes collègues, à l'administration et à l'amélioration des statuts de deux de ces sociétés dont je fais partie et auxquelles je dois une éternelle reconnaissance pour la récompense flatteuse qu'elles m'en ont donnée. En 1846, la translation de mon établissement en province m'ayant obligé de quitter la capitale, ces sociétés ont créé à mon profit le titre de délégué honoraire à vie, et me l'ont décerné à l'unanimité. Cette récompense et mon désir de faire le bien, voilà mes seuls titres.

LAMBERT.

STATUTS.

PRINCIPES GÉNÉRAUX.

ARTICLE PREMIER.

L'*Union fraternelle* admet à participer aux bienfaits de son institution, toutes les personnes des deux sexes qui adhèrent à ses statuts et qui sont âgées de vingt ans au moins ou de soixante ans au plus.

Art. 2.

La société est instituée par actions : les droits et obligations des titulaires sont déterminés pour chacune d'elles et non par tête de sociétaire ; néanmoins ce principe n'est absolu qu'après les exceptions établies par l'article 6, et aux articles 64 et 65.

Art. 3.

On ne peut être sociétaire sans être actionnaire ; mais chaque sociétaire pourra prendre plusieurs actions, soit simultanément, soit successivement, et deux personnes unies par le mariage, seront admises à prendre une seule action en nom collectif. Dans ce cas le mari exercera les fonctions de sociétaire, comme si cette action lui appartenait en propre.

Art. 4.

Chaque action acquiert à son titulaire, par la composition d'un capital aliéné, formé d'un droit de souscription et de cotisations mensuelles, une pension viagère proportionnelle au montant des versements augmentés de l'accumulation des intérêts à 4 p. 0⁞0, et de la part des bénéfices présumés, dévolus par la mortalité.

Art. 5.

La pension est éventuelle ou positive ; le minimum annuel de la pension positive est fixé à *soixante francs* et le maximum à *douze cents francs* ; par exception , la pension éventuelle qui n'aura pas atteint le chiffre de soixante francs dans le courant de la soixante-dixième année d'âge du titulaire , sera immédiatement convertie en pension positive , quel qu'en soit le chiffre.

Art. 6.

Le minimum et le maximum de la pension sont personnels et non par action. En conséquence, le titulaire de plusieurs actions, pourra en réunir une partie ou la totalité pour former le minimum de sa pension ; mais , dans aucun cas, il ne pourra les diviser lorsqu'il s'agira d'en établir le maximum.

Art. 7.

L'accroissement du chiffre de la pension ne pourra être poursuivi au-delà du terme strictement nécessaire pour en atteindre le maximum , ni au-delà de la soixante-dixième année d'âge du sociétaire ; hors ces deux cas, la continuation ou la cessation du paiement des cotisations sera facultative , ainsi que le droit de prendre de nouvelles actions.

Art. 8.

L'action n'aura d'effet actif qu'autant qu'elle aura été nourrie pendant un an au moins. Le droit de souscription et les parties d'une première année de cotisations versées à la société sans continuation de paiement, lui resteront acquis sans compensation pour le sociétaire.

Art. 9.

L'action nourrie pendant un an ou plus, donnera à son titulaire des droits irrévocablement acquis à une pension éventuelle, soit qu'il continue à nourrir cette action, soit qu'il cesse d'en payer les cotisations.

Art. 10.

L'accroissement du chiffre des pensions aura lieu pour chaque action, conformément au mode déterminé par des tableaux dressés à cet effet. Ces tableaux sont divisés en deux séries différentes : la première fixe périodiquement la pension acquise par l'action nourrie de cotisations versées, soit mensuellement, ou par anticipation ; la deuxième série fixe celle acquise par l'action pour laquelle tout paiement de cotisation aura cessé.

L'action descendue à la deuxième série ne pourra plus être élevée au rang de la première.

Art. 11.

La prise de pension sera facultative aussitôt que tous les droits acquis et réunis d'un sociétaire auront atteint le chiffre minimum de la pension positive.

Art. 12.

Toutes les charges et obligations imposées aux sociétaires pour chaque action ne pourront être divisées : ainsi l'action prise collectivement, sera considérée jusqu'à la réalisation de la pension, comme n'appartenant qu'à un seul sociétaire ; mais la pension acquise par deux personnes ainsi réunies, sera due et payée par moitié à chacune d'elles séparément.

Art. 13.

Les droits acquis soit à la pension éventuelle, soit à la pension positive, sont imprescriptibles et incessibles.

Art. 14.

Les cotisations pourront être payées par anticipation ; les paiements ainsi effectués pour plusieurs années, seront réduits du montant du précompte de l'intérêt et des chances de mortalité, conformément à la série de tableaux établis à cet effet.

Art. 15.

La société remboursera à qui de droit le montant des sommes qui pourraient lui être versées pour la continuation du paiement des cotisations au-delà de l'un des deux termes fixés pour la cessation de ces paiements ; mais, dans aucun cas, les sommes versées ou laissées induement à sa caisse, ne porteront intérêt.

Art. 16.

La société distingue deux sortes de sociétaires : l'une active et l'autre passive.

La partie active sera composée de tous les sociétaires du sexe masculin, payant des cotisations mensuellement et jouissant de leurs droits administratifs ; tous les membres de la société qui ne réuniront pas ces conditions, formeront la partie passive.

Art. 17.

Les sociétaires actifs seront seuls chargés de l'administration de la société, dont tous les emplois sont obligatoires et gratuits. Les sociétaires passifs ne jouissant d'aucun droit administratif, ne seront appelés ni admis à remplir aucune de ces fonctions.

Art. 18.

On pourra se démettre des fonctions administratives ou les refuser ; mais, dans ces deux cas, elles seront remplacées par une contribution établie et fixée selon l'importance desdites fonctions.

Art. 19.

Tout membre d'une partie quelconque de l'administration qui manquera à son service, paiera une amende. Le chiffre de ces contributions sera fixé pour chaque genre de service par un réglement administratif, obligatoire pour tous, établi et adopté par la réunion supérieure.

Ce réglement pourra être modifié.

Art. 20.

Les charges administratives sont imposées à chaque sociétaire actif par une action seule. En compensation, chaque action non administrative est frappée d'une contribution annuelle. Néanmoins, celles nourries mensuellement par les femmes, sont affranchies de cette contribution.

Art. 21.

Tous les emplois administratifs sont périodiques : ils se divisent en fonctions annuelles et en fonctions trimestrielles. Toutes les fonctions annuelles sont électives, mais les sociétaires seront appelés successivement par ordre de tour aux emplois trimestriels.

Art. 22.

Pour sa partie administrative, la société sera divisée par fractions composées de deux cents membres au plus, tant actifs que passifs ; mais dans chaque fraction, le nombre des sociétaires actifs devra être, autant que possible, supérieur à celui des sociétaires passifs.

Art. 23.

Chaque fraction aura son administration particulière, prise dans son sein, et sera administrée séparément. Le bureau de chacune d'elles sera composé de tous les membres de son administration.

Art. 24.

Les intérêts généraux de la société seront régis par une réunion supérieure, composée de tous les administrateurs annuels des diverses fractions établies dans la ville, chef-lieu de la société. Cette assemblée sera seule chargée de l'autorité supérieure ; et les membres de son bureau, élus par elle et pris dans son sein, en exerceront toutes les charges administratives.

Les membres composant les bureaux des fractions établies en dehors du chef-lieu, auront droit de siéger à cette assemblée, mais leur présence n'y sera pas obligatoire.

Art. 25.

La réunion supérieure ainsi que chaque fraction se réuniront séparément, à des époques fixes, en assemblée générale ordinaire, et en assemblée générale extraordinaire, chaque fois que les intérêts de la société l'exigeront; mais ces dernières ne pourront avoir lieu que par ordre de la réunion supérieure.

Art. 26.

Toute infraction soit aux statuts, soit au réglement ou au bon ordre dans la société, sera punie d'une peine proportionnelle au délit. Il y a quatre sortes de peines établies : la réprimande ou rappel à l'ordre, l'amende pécuniaire, l'interdiction temporaire des droits actifs, et l'exclusion perpétuelle de la partie active.

Art. 27,

Les opérations administratives soit de la réunion supérieure, soit de fractions, seront vérifiées annuellement. Dans chacune de ces diverses parties de la société, il sera nommé, à cet effet, une commission spéciale, composée de cinq membres.

Art. 28.

La société accorde à titre de don funéraire au conjoint ou à défaut aux héritiers légitimes de tout sociétaire ou pensionnaire décédé, une somme de cinquante francs. Cette somme sera payée sur la preuve bien établie du décès.

Art. 29.

Les fonds de la société ne pourront être placés qu'en rente sur l'Etat.

Art. 30.

Toutes questions ou discussions autres que celles concernant les intérêts de la société lui sont interdites : elle ne pourra s'occuper que d'objets relatifs au but de son institution.

Art. 31.

La société ne pourra librement se dissoudre que par le vœu d'une majorité composée des neuf dixièmes de tous ses membres actifs. La dissolution étant soit librement consentie ou imposée à la société, la liquidation et la répartition de son capital auraient lieu conformément aux dispositions du chapitre spécial établi pour ces deux cas éventuels.

DE L'ADMISSION ET PRISE D'ACTION.

Article 32.

Le seul fait de l'admission engage pour une action. Elle s'opère provisoirement par l'enregistrement des noms du candidat aux livres de recettes et le versemement immédiat du droit de souscription fixé à trois francs par action, plus un franc contre la remise des statuts et du réglement administratif.

Art. 33.

Les admissions pourront avoir lieu tous les jours. Elles seront faites par le vérificateur ou le comptable de chaque fraction, soit à leur domicile, soit à la salle des séances lors des recettes mensuelles.

La réception qui aura été faite entre deux recettes sera considérée comme ayant eu lieu à celle suivant immédiatement l'admission.

Art. 34.

Entre la réception d'un candidat devant être admis comme sociétaire actif et la première assemblée générale de sa fraction, des informations seront prises sur la moralité du récipiendaire, pour rapport verbal en être fait à ladite assemblée, qui statuera sur son admissibilité à ce titre.

Lorsque l'admission aura eu lieu moins de huit jours avant la première assemblée générale, ces informations pourront être ajournées. Dans ce cas le rapport n'en serait fait qu'à l'assemblée générale suivante.

ART. 35.

Le candidat auquel on aura refusé le titre de sociétaire actif,
sera libre de retirer le montant de ses versements ou de rester
en qualité de sociétaire passif.

ART. 36.

A chaque assemblée générale de fraction, toutes les réceptions qui n'auront pas été rendues officielles y seront proclamées. Les sociétaires actifs, après avoir été admis par l'assemblée conformément aux dispositions de l'article 34, y seront
appelés à répondre aux questions qui leur seront adressées relativement à leur adhésion au réglement administratif.

ART. 37.

L'admission ne sera rendue définitive que par l'inscription du
récipiendiaire au registre matricule, opération qui ne pourra
avoir lieu qu'après le versement d'une année de cotisations et
la remise de son acte de naissance ou de tout autre acte équivalent.

La remise dudit acte devra avoir lieu dans le courant des
neuf premiers mois qui suivront l'admission provisoire. Passé ce
délai, le défaut de cette remise entraînera la radiation et la déchéance du sociétaire, sans aucun remboursement des sommes
par lui versées. Pour la prise de nouvelles actions, l'inscription
au registre matricule tiendra lieu de l'acte authentique.

ART. 38.

Toute action sera représentée par un titre personnel à souche,
portant un n° d'ordre. Le dépôt de l'acte voulu par l'article
précédent ayant eu lieu, le titre d'action sera délivré par l'administration supérieure, dans le courant des trois mois qui
suivront immédiatement la réalisation d'une année de cotisations.

DES ASSEMBLÉES GÉNÉRALES.

Art. 39.

Les assemblées générales ordinaires seront semestrielles pour la réunion supérieure, et trimestrielles pour toutes les fractions. Les assemblées semestrielles auront lieu dans le courant des mois de février et août de chaque année ; et celles des fractions dans le courant du premier mois de chaque trimestre, janvier, avril, juillet et octobre. Chaque partie de la société fixera elle-même les jours et les heures de ses réunions futures.

Art. 40.

Les assemblées générales extraordinaires n'ayant pas d'époque fixe, seront convoquées à domicile, au moins quatre jours à l'avance, les jours de convocation et d'assemblée compris.

Art. 41.

Toute assemblée générale, soit ordinaire ou extraordinaire, soit de la réunion supérieure ou de fraction, commencera et finira par un appel nominal de tous les membres actifs composant cette partie respective de la société ; tout sociétaire qui n'y répondra pas personnellement, encourra une amende de vingt-cinq centimes pour chacun de ces appels.

Art. 42.

Aucune partie de la société réunie en assemblée, ne pourra délibérer, si la réunion n'est composée de la majorité absolue de ses membres actifs ; en conséquence, si l'absence d'une partie des membres présents au premier appel faisait craindre que l'assemblée ne fût plus en nombre suffisant pour prendre une délibération, on procéderait à un appel extraordinaire, et les absents ayant répondu au premier appel, seraient chacun à l'amende de vingt-cinq centimes.

Art. 43.

En se conformant aux dispositions de l'article précédent.

toutes les décisions seront prises à la majorité absolue des voix. Les délibérations se feront par assis et levé, s'il n'y a pas d'opposant. Un seul sociétaire pourra exiger le scrutin secret.

Art. 44.

L'ordre dans les assemblées étant indispensable, tout sociétaire qui le troublera d'une manière quelconque, sera invité au silence; s'il continue, il sera rappelé à l'ordre; s'il persiste, il sera invité à sortir; s'il s'y refuse, il encourra une amende de trois francs; s'il menace ou provoque, il sera interdit de ses droits actifs pour un an au moins, ou deux ans au plus; et s'il se porte à quelque voie de fait, l'interdiction sera de cinq années.

Art. 45.

Les assemblées de bureau étant le résultat de circonstances imprévues, ne peuvent avoir ni jour ni heure préalablement fixés; toutes les règles établies et applicables aux assemblées générales extraordinaires, le sont également aux assemblées de bureau, ainsi qu'à toutes réunions de commission, de vérification et d'examen de proposition.

Les réunions administratives, pour l'établissement des comptes, ne seront pas considérées comme assemblées de bureau.

DE L'ADMINISTRATION.

Art. 46.

Le bureau de chacune des diverses parties de la société, sera composé primitivement de cinq administrateurs annuels, un délégué, un secrétaire, un vérificateur, un comptable et un caissier. Lorsque les besoins du service l'exigeront, la réunion supérieure seule, pourra donner à chaque membre de son administration le nombre d'adjoints reconnu nécessaire. La nomination de ces derniers aura lieu en même temps et de la même manière que celle des membres primitifs.

Art. 47.

Au cinq administrateurs annuels, formant la première partie du bureau de chaque fraction, seront adjoints des receveurs et en temps opportun des commis-payeurs. Ces deux sortes d'emplois trimestriels étant susceptibles d'avoir un personnel plus ou moins nombreux, la quantité de ces fonctionnaires sera fixée et modifiée selon les besoins de chaque fraction et par elle-même.

Tout receveur et commis-payeur aura un suppléant ; mais ces derniers ne feront partie du bureau que lorsqu'ils seront en activité de service.

Art. 48.

Tous les administrateurs annuels, soit de la réunion supérieure ou de fraction, seront nommés en assemblée générale ordinaire, au scrutin de liste, à la majorité absolue des suffrages. Ils pourront être réélus.

Ces nominations auront lieu, pour la réunion supérieure, à son assemblée de février, et pour chaque fraction, à celle d'avril.

Art. 49.

Les receveurs, commis-payeurs et suppléants, seront nommés tous les trois mois, par ordre de tour, aux assemblées générales ordinaires de fractions, en commençant par le n° 1 pour les receveurs, et dans l'ordre inverse, par le dernier n°, pour les commis-payeurs.

Art. 50.

Tout sociétaire appelé à remplir une place de bureau, soit annuelle ou trimestrielle, et qui en refusera l'emploi, paiera un droit de refus, fixé à *cinq francs*, pour les fonctions adminis tratives de la réunion supérieure ; à *quatre francs*, pour celles annuelles de fractions ; et à *trois francs*, pour toutes les fonctions trimestrielles. Sera excepté de cette obligation, le membre réélu par la réunion supérieure ou par sa fraction, avant qu'une année d'intervalle se soit écoulée depuis sa sortie de l'une des fonctions administratives annuelles de cette même partie de la société.

Art. 51.

Le sociétaire qui aura accepté une place administrative et qui donnera sa démission, paiera une contribution fixée à *six francs* pour les fonctions annuelles, et à *quatre francs* pour celles trimestrielles.

Art. 52.

La réunion supérieure aura seule le droit de statuer en définitive sur la généralité des questions concernant toute la société. En conséquence, toute proposition ayant pour but d'introduire quelque modification dans le réglement administratif, ou de changer une disposition laissée au libre arbitre de la société, ainsi que toute discussion survenue sur l'interprétation des statuts ou du réglement, après avoir été résolue par une ou plusieurs fractions, sera renvoyée à la réunion supérieure comme simple proposition.

Art. 53.

L'autorité de la réunion supérieure s'étendra à toutes les opérations particulières de chaque fraction, dont elle pourra annuler ou changer le résultat de toute délibération, lorsqu'il sera contraire au besoin du service ou nuisible à la bonne harmonie qui ne devra cesser de régner entre les diverses parties de la société, ainsi que toute application des statuts ou du réglement, lorsque les principes établis auront été faussés dans leur application. A cet effet, tout sociétaire aura le droit de présenter requête à la réunion supérieure, et les membres de son administration sont autorisés à inspecter, soit individuellement ou collectivement, la généralité des opérations de fraction. Après mûr examen de chaque requête ou rapport d'inspection, la réunion délibérera, et sa décision sera absolue et définitive.

Art. 54.

L'administration de la réunion supérieure sera chargée de la comptabilité générale de la société. En conséquence tous les trimestres, immédiatement après l'assemblée générale ordinaire, la situation de chaque fraction sera remise, soit directement ou par la poste, au délégué de cette administration, chargé de faire établir les comptes généraux.

Art. 55.

La situation générale de la société sera imprimée tous les semestres, et dix exemplaires, au moins, en seront adressés à chaque fraction, pour être exposés en permanence, dans la salle de ses assemblées, pendant toutes recettes et réunions.

Tous les trois mois, la situation de chaque fraction sera aussi imprimée et distribuée à tous ses membres présents à l'assemblée générale.

Art. 56.

Dans aucun cas le cumul des emplois ne pourra avoir lieu ; néanmoins le membre de la réunion supérieure qui aura accepté une place au bureau de cette admistration , devra continuer de remplir ses fonctions primitives, jusqu'au renouvellement annuel de sa fraction.

Art. 57.

Dans chaque partie de la société, la commission de vérification sera nommée tous les ans, à la première assemblée générale ordinaire, au scrutin de liste, à la majorité relative. Aucun membre ne pourra faire partie de la commission chargée de vérifier le travail établi par l'administration dont il aura fait partie et à l'établissement duquel il aura coopéré.

Le refus de cet emploi est fixé à trois francs , mais une fois accepté on ne pourra pas se démettre de ces fonctions. Ce refus ne sera pas applicable aux receveurs et aux commis-payeurs en activité de service.

Art. 58.

Chaque commission de vérification sera spécialement chargée de vérifier tous les comptes, registres et papiers de sa fraction, établissant toute la gestion de l'année écoulée, pour en signaler, dans un rapport qu'elle soumettra à la première assemblée générale ordinaire qui aura lieu après sa nomination, toutes les erreurs, omissions et irrégularités qu'elle aura pu y découvrir. Après que ces erreurs et omissions auront été reconnues et rectifiées, les comptes de l'année seront déclarés être exacts et définitivement arrêtés.

Art. 59.

Tant que la société, à sa formation, n'aura pas réuni à son chef-lieu, un nombre de quatre cents sociétaires, elle n'y formera qu'une seule et unique partie, réunissant tous les pouvoirs; mais aussitôt que ce chiffre aura été atteint, elle se divisera en quatre fractions; la Réunion supérieure se constituera et entrera immédiatement en fonction.

Art. 60.

La première fraction établie dans une ville ou tout autre centre de population, aura seule le droit de recevoir constamment des nouveaux sociétaires. En conséquence, chaque fois qu'elle sera au complet, ainsi que toutes les fractions qui auraient pu être précédemment formées par elle, ses cent derniers membres admis s'en sépareront et formeront une nouvelle fraction. Toutes les fractions ainsi formées de la première, ne pourront recevoir que pour compléter leur nombre respectif de deux cents membres.

DES RECETTES ET COTISATIONS.

Art. 61.

Les recettes mensuelles seront composées du produit des co-

tisations et des diverses contributions établies par les statuts et
le réglement administratif.

Les receveurs, assistés du vérificateur ou du comptable de
chaque fraction, sont chargés d'en opérer les recouvrements et
d'en remettre immédiatement le montant au caissier de ladite
fraction.

<h3 align="center">ART. 62.</h3>

Les recettes de chaque fraction seront effectuées à la salle de
ses séances, aux jours et heures de chaque mois, fixés par elle
pour cette opération, qui ne pourra excéder deux heures de
durée.

<h3 align="center">ART. 63.</h3>

La cotisation mensuelle est fixée à trois francs par action.
Elle devra être payée en totalité tous les mois. Celle qui n'aura
pas été acquittée dans le temps fixé pour cette opération, sera
augmentée d'une amende de 25 centimes.

<h3 align="center">ART. 64.</h3>

Le compte de chaque sociétaire devra être entièrement libéré
à chaque recette d'assemblée générale ordinaire. En conséquence, tout arriéré non soldé auxdites recettes, sera augmenté
d'une amende de 50 centimes, sans préjudice de celle fixée par
l'article précédent s'il y a lieu ; le sociétaire arriéré ne donnant
qu'un à-compte, sera libre de l'employer à la liquidation dudit
arriéré ou à l'acquittement de ses cotisations du mois échéant.

<h3 align="center">ART. 65.</h3>

Le maximum de l'arriéré sera de trente francs par sociétaire,
et ne s'appliquera qu'à une seule action. Si à la première recette qui aura lieu après que ce chiffre aura été atteint, le sociétaire ne réduit pas cette somme au-dessous de celle fixée, son
action ou une de ses actions, passera de la série B à la série C,

en faisant remonter la cessation du paiement des cotisations de
cette action à une date antérieure d'un nombre de mois équiva-
lant au moins à la somme due. Lorsque la somme arriérée sera
insuffisante pour solder ce nombre de mois, à raison de 3 francs
25 centimes l'un, on prendra la fraction manquant, sur le capital
réalisé du titulaire auquel on en fera la restitution. Ce mode de
liquidation de compte sera également appliqué au sociétaire arriéré au moment de la prise de sa pension.

Art. 66.

La contribution annuelle administrative, imposée par l'article 20, aux sociétaires du sexe masculin, est fixée à 1 franc par
action non administrative ; mais en compensation des charges
actives, cette contribution sera de 3 francs pour une action
seulement de chaque sociétaire qui aura été privé de ses droits,
par toute autre cause que celles des paiements anticipés.

Art. 67.

Le paiement des cotisations par anticipation , autorisé par
l'article 14, est établi sur le même chiffre de cotisation pour les
sociétaires des deux sexes ; mais il varie pour chaque nombre
d'années, selon l'âge du sociétaire à l'époque de la réalisation
de ce versement. Le chiffre de la somme due pour chacun de
ces divers paiements , est déterminé aux tableaux ci-après ,
série A.

Art. 72.

Les pensions établies aux deux séries de tableaux B et C n'étant définies que par périodes annuelles, lorsque la cessation du paiement des cotisations ou la prise de pension aura lieu un ou plusieurs mois après un nombre d'années révolues, soit que l'action fasse partie de l'une ou de l'autre série, on ajoutera au chiffre de pension acquis par ce nombre d'années, autant de douzièmes de la progression de l'année courante, déterminée par la différence existant entre ce chiffre de pension et son conséquent.

Art. 73.

Le sociétaire qui aura payé ses cotisations par anticipation pour un certain nombre d'années, pourra, s'il y a lieu (art. 5), prendre sa pension dans le courant de ce laps de temps. Dans ce cas, la pension due pour le montant total du paiement anticipé, sera établie par une règle de proportion dont les trois termes seront : la somme due pour le temps écoulé, la pension acquise pendant ce même temps, et la somme versée.

Art. 74.

Les cotisations payées par un tiers, sur la tête d'un sociétaire, ne donneront droit à la prise de pension qu'à l'époque fixée par ce tiers. Néanmoins, cette clause restrictive pourra être annulée par décision prise en assemblée générale, sur la demande du titulaire qui en aura été préalablement faite à sa fraction et la preuve bien établie que ce dernier est sans aucun moyen d'existence et hors d'état de gagner sa vie.

Chaque donataire devra être informé de cette restriction avant l'effectuation de son versement.

Art. 75.

Les demandes de prise de pension seront faites verbalement par chaque demandeur à sa fraction réunie en assemblée générale, ou par écrit au vérificateur de ladite fraction. Dans l'un et l'autre cas, la demande devra être accompagnée des titres donnant droit à cette pension.

Art. 76.

La pension demandée sera d'abord établie par l'administration de la fraction du demandeur, et ensuite renvoyée à celle de la réunion supérieure, qui, après vérification et rectification, s'il y a lieu, en approuvera le montant et en ordonnera le paiement.

Art. 77.

Le paiement des pensions sera trimestriel, et aura lieu pour chacune d'elles en particulier à la caisse de la fraction des ayant-droit. La partie de chaque pension ainsi divisée par quart, qui ne pourra pas être soldée par un nombre rond de cinq centimes, ne sera pas exigible ; cette fraction restera acquise à la caisse.

Art. 78.

Toutes les pensions seront soldées soit directement en espèces, soit par mandat sur la caisse. Celle payée en espèces devra être reçue par le pensionnaire personnellement, ou par un tiers, porteur de sa quittance et d'un certificat, dûment légalisé à la date de l'échéance du paiement, constatant l'existence de l'ayant-droit ; ou enfin à un commis-payeur, chargé de la remettre au pensionnaire qui, par sa situation physique ou morale, serait hors d'état de se rendre à la caisse.

Art. 79.

Le cours de la pension aura lieu à partir du jour de la cessation de son accroissement jusqu'au jour du décès de l'ayant-droit ; et les parties de la pension non soldées au moment du décès, seront dues aux héritiers légitimes du décédé.

Art. 80.

Le paiement des pensions à domicile constituant tout le service des commis-payeurs, ne s'étendra pas au-delà du territoire formant la dépendance municipale de la ville ou du village où sera établi le siége de la fraction du pensionnaire, ayant droit à ce genre de paiement ; et les mandats pour solde de pension, ne seront adressés qu'aux pensionnaires résidant à une distance de huit kilomètres au moins du siége de leur fraction. Dans aucun cas l'expédition du mandat ne devra avoir lieu, qu'après avoir reçu du pensionnaire un certificat de vie, conforme à celui prescrit par l'article précédent.

DU CAPITAL ET DES CAISSIERS.

Art. 81.

Chaque caissier sera possesseur d'une caisse à deux serrures, destinée à renfermer les fonds et titres qui lui seront confiés. Les clés de chaque caisse seront déposées entre les mains de deux sociétaires étrangers à l'administration annuelle ; celles de chaque fraction, à ses deux premiers receveurs en exercice ; et celles de la réunion supérieure, à deux de ses membres, nommés tous les six mois, en assemblée générale, à la majorité absolue.

La caisse d'une partie quelconque de la société, ne pourra être ouverte qu'en présence de son vérificateur, son caissier et ses deux dépositaires de clés.

Art. 82.

Le caissier de chaque fraction en recevra toutes les recettes et en effectuera tous les paiements et versements. L'encaisse de la réunion supérieure sera composée de sommes versées par les diverses fractions : l'importance de cette encaisse ne devra jamais rester au-dessous de la plus élevée de toutes celles des fractions, ni être portée à une somme la dépassant de moitié en plus.

Art. 83.

Il ne sera laissé entre les mains de chaque caissier, en dehors de sa caisse, que les fonds nécessaires pour les besoins du service, d'une recette à l'autre.

Chaque caissier ayant des fonds disponibles les placera, sauf ordre contraire, conformément aux dispositions de l'article 29, au taux d'intérêt adopté par la société, et il réalisera en temps opportun, la rentrée de toutes les rentes produites par les titres d'inscriptions déposés dans sa caisse.

Art. 84.

Les fonds ne pourront être considérés comme étant disponibles, qu'autant qu'il y aura en caisse une somme suffisante pour en retrancher, sans inconvénient, celle nécessaire pour l'acquisition d'une inscription représentant un capital de cinq cents francs.

L'appréciation de la disponibilité de ces fonds, devra être préalablement résolue entre le caissier et ses collègues, les membres du bureau annuel.

Art. 85.

Les mutations de fonds occasionnées par l'exécution de la deuxième partie de l'article 82 ou par les besoins d'une ou de plusieurs fractions, ainsi que la suspension partielle ou totale, selon l'urgence des dispositions de la partie de l'article 83, concernant les placements de fonds, ne pourront être ordonnées que par l'administration investie de l'autorité supérieure, conformément aux prescriptions de l'article 59.

Art. 86.

Lorsque le capital de la société s'élèvera au plus à deux mille francs de rentes, en moyenne, par encaisse, la société, pour mettre ce capital à l'abri de toute éventualité, négociera pour se faire ouvrir un compte courant, soit au trésor public ou à toute autre administration agissant pour le compte de l'Etat, soit à la banque de France ou à un de ses comptoirs.

A partir de l'instant ou ces négociations auront atteint, le but désiré, les dispositions des articles 81, 82, 83, 84 et 85 qui sont en opposition avec les prescriptions de l'article suivant, seront suspendues et cesseront d'être mises à exécution.

Art. 87.

Dans le cas prévu par l'article précédent, l'administration, devenue le caissier général de la société, sera dépositaire de tout le capital composant ses encaisses. Elle sera en outre autorisée à acheter et à vendre les inscriptions de rentes et à en toucher les intérêts. Elle recevra des divers caissiers, soit directement ou indirectement, le montant de leurs recettes ; et, sur mandat de l'administration supérieure, elle remettra à chacun d'eux le montant de la somme ordonnancée pour les besoins du service.

DISSOLUTION ET RÉPARTITION.

Art. 88.

La question de libre dissolution devra d'abord être adoptée par les neuf dixièmes des membres de la réunion supérieure avant d'être soumise à l'approbation des diverses fractions de la société. Et si, après la réunion des votes de toutes les fractions, la majorité voulue par l'article 31 était acquise à la dissolution, chaque fraction s'occuperait aussitôt des opérations préparatoires de la liquidation.

Art. 89.

La dissolution étant résolue soit par une libre décision de la société, soit par suite d'une circonstance imprévue et indépendante de sa volonté, chaque fraction procédera à sa liquidation particulière comme suit : 1° elle établira la pension de chacun de ses membres comme si ces sociétaires devaient en réaliser la jouissance ; 2° elle soldera tout son passif dans lequel sera compris le remboursement intégral, sans intérêt, de toutes les actions pour lesquelles on aurait réalisé moins d'une année de cotisations ; 3° elle établira sa situation composée d'une part de tous les noms de ses sociétaires et pensionnaires, avec le chiffre de pensions et l'âge de chacun d'eux en particulier, et d'autre part, le montant de son capital restant disponible.

Ces diverses situations spécialement établies pour servir de base à la répartition, seront adressées à la réunion supérieure.

Art. 90.

Dans le cas où la dissolution serait le résultat d'une libre décision de la société, et pour éviter toute tendance à ce but, chacun de ses membres n'aurait droit à la répartition du capital, que jusqu'à concurrence des quatre cinquièmes de la somme nécessaire, selon toutes les probabilités, pour assurer le paiement de sa pension acquise. Si après cette opération il restait un excédant de capital, il serait divisé par parties proportionnelles au nombre de membres de chaque fraction, et la somme ainsi dévolue à chacune d'elles, serait aussitôt versée dans la caisse de bienfaisance de la commune sur le territoire de laquelle serait établi le siége de cette fraction. A défaut de caisse de bienfaisance, cette somme serait remise au conseil municipal de cette commune, avec mission d'en faire sans délai la distribution à ses administrés les plus nécessiteux.

Si au contraire la dissolution était le résultat d'une circonstance indépendante de la volonté de la société, chacun de ses membres aurait droit à la répartition du montant total de son capital.

Art. 91.

Après vérification de la liquidation particulière de chaque fraction, la réunion supérieure procédera à la répartition. A cet effet, la pension de chaque membre de la société sera multipliée par le chiffre du tableau ci-après, correspondant à son âge, et le résultat de cette opération sera le dividende réel de l'ayant-droit, dans le cas seulement où la dissolution aurait été résolue selon les dispositions de la première partie de l'article précédent et que le montant du capital à répartir serait suffisant pour en réaliser les paiements. Dans tous autres cas, ces résultats ne seraient que des chiffres éventuels, devant servir de premier terme aux règles de proportions nécessaires pour établir le partage du capital au marc le franc, et obtenir le dividende réel de chaque membre de la société.

Art. 92.

Tableau donnant à chaque âge les quatre cinquièmes de la somme nécessaire pour avoir droit à 1 franc de pension viagère. Le chiffre de 3 francs 50 centimes pour un, est accordé à tous les vieillards de plus de 80 ans.

21 à 22	13 f. 82	36 à 37	12 f. 03	51 à 52	9 f. 40	66 à 67	6 f. 15
22—23	13 74	37—38	11 89	52—53	9 19	67—68	5 93
23—24	13 63	38—39	11 75	53—54	8 97	68—69	5 72
24—25	13 52	39—40	11 60	54—55	8 76	69—70	5 50
25—26	13 40	40—41	11 44	55—56	8 56	70—71	5 29
26—27	13 29	41—42	11 28	56—57	8 36	71—72	5 09
27—28	13 18	42—43	11 11	57—58	8 14	72—73	4 91
28—29	13 07	43—44	10 94	58—59	7 92	73—74	4 72
29—30	12 95	44—45	10 76	59—60	7 70	74—75	4 52
30—31	12 83	45—46	10 58	60—61	7 47	75—76	4 34
31—32	12 70	46—47	10 40	61—62	7 25	76—77	4 16
32—33	12 57	49—48	10 21	62—63	7 03	77—78	3 98
33—34	12 44	48—49	10 01	63—64	6 80	78—79	3 80
34—35	12 31	49—50	9 80	64—65	6 58	79—80	3 62
35—36	12 17	50—51	9 60	65—66	6 56	80—81	3 50

Art. 93.

Les opérations de la liquidation étant terminées, il en serait imprimé une situation avec compte-rendu, et dix exemplaires, au moins, en seraient adressés à chaque fraction pour être exposés, en permanence pendant un mois, dans des lieux désignés par

chacune d'elles, et où tous ses membres pourraient librement
en prendre connaissance. Ce délai étant écoulé, on procéderait
aux paiments des dividendes, en se conformant à toutes les dispositions établies pour le paiement des pensions.

Art. 94.

Le membre de la société absent et dont la mort ne pourrait
pas être constatée authentiquement, serait compris dans la répartition, et le dividende de celui qui ne l'aurait pas réclamé
dans le délai de six mois à partir du jour de l'ouverture de ces
paiements, serait déposé dans la caisse municipale de la commune de sa fraction où, ce capital, sans intérêt, resterait à la
disposition du sociétaire, ou, en cas de décès postérieur à la
dissolution, à celle de ses ayant-droit. Après le temps voulu par
la loi pour établir la prescription, ce dépôt resterait acquis à
ladite commune.

Art. 95.

Quelle que soit la cause de la dissolution, aussitôt après
qu'elle aurait été prononcée, la liquidation de la société serait
rendue publique par la voie des journaux. A cet effet, trois in-
sertions auraient lieu, de trois en trois jours, dans chacune des
cinq feuilles quotidiennes de Paris, réunissant le plus grand
nombre d'abonnés.

DISPOSITIONS GÉNÉRALES.

Art. 96.

Sera exclu de la partie active, tout sociétaire qui aurait subi
une condamnation judiciaire soit de cour d'assises, soit de po-
lice correctionnelle, mais seulement lorsque cette condamnation
sera de nature à flétrir l'honneur ou la probité. Sera également
exclu celui qui serait convaincu d'avoir soustrait frauduleuse-
ment des fonds appartenant à la société.

Art. 97.

Les statuts de la société ne pourront subir aucun changement tendant à modifier ou altérer les dispositions de ses bases fondamentales. Néanmoins si, dans la pratique, il se présentait quelque grave difficulté d'exécution, elle pourrait y remédier en opérant quelque modification aux dispositions desdits statuts, ne concernant uniquement que sa partie administrative. Pour opérer ces changements, on se conformerait, tant pour le mode à employer que pour le chiffre de majorité nécessaire, aux dispositions prescrites par l'article 88 pour la question de libre dissolution.

Art. 98.

Toute disposition adoptée par la société, tendant à faire quelque changement aux présents statuts, non autorisée par l'article précédent ou prise illégalement en dehors des formes prescrites par l'article 88, lui imposerait l'obligation formelle de rembourser tous ceux de ses membres, sociétaires et pensionnaires qui n'adhéreraient pas à cette décision. Ces remboursements auraient lieu, tant pour le droit que pour la forme, selon toutes les dispositions établies pour la répartition, ayant lieu par suite de dissolution occasionnée par une circonstance indépendante de la volonté de la société.

Besançon, imprimerie de veuve Ch. Deis.